विश्व रिकॉर्ड [illegible]
अंतरराष्ट्रीय साहित्यिक मंच

KB Writers

की प्रस्तुति

ढलानों पर उगी कविताएँ

एक पहाड़न की अनुभूतियाँ

आचार्या नीरू शर्मा

www.kbwriters.com

ढलानों पर उगी कविताएँ
एक पहाड़न की अनुभूतियाँ

लेखिका :-
आचार्या नीरू शर्मा

प्रकाशन वर्ष :-
2026

के० बी० राइटर्स
अंतरराष्ट्रीय साहित्यिक मंच
पता :- बाबुबाँक, झाझा, जिला - जमुई (बिहार) 811308
Website :- www.kbwriters.com
E-mail :- kbwritersofficial@gmail.com
Call :- 8873000900
संस्थापक :- चन्दन केशरी
अध्यक्ष एवं संचालक :- कुन्दन केशरी

जय माँ कांगड़े वाली, त्रिकालदर्शिनी करुणामयी,
शक्तिरुपिणी विश्वास की दाता, भक्तों का कष्ट हरने वाली,
हिमगिरि की गोद में विराजती मेरी माता भवानी,
माँ, अपने कर-कमलों में मेरी कृति को स्वीकार करो।।

प्रस्तावना

प्रिय पाठकों,

हार्दिक अभिनंदन!

इस पुस्तक "ढलानों पर उगी कविताएँ : एक पहाड़न की अनुभूतियाँ" को आप सभी के समक्ष प्रस्तुत करते हुए मुझे अत्यन्त हर्ष हो रहा है।

इस पुस्तक में विविध विषयों पर लिखी कविताएँ हैं; जिनमें अधिकांश पहाड़ों, वहाँ के संघर्ष, सादगी और ईमानदारी व सरल जीवन को दर्शाती हैं।

इस काव्य संग्रह में आत्मीयता और दिल से निकली हुई सच्ची अनुभूतियाँ हैं। मुझे विश्वास है कि पाठक इन कविताओं के माध्यम से पहाड़ों के परिवेश, प्रकृति व जीवन के छोटे-बड़े उन क्षणों को महसूस कर पाएँगे जिन्हें हम अक्सर अनदेखा कर देते हैं।

यह संग्रह हमें समझाता है कि कठिन परिस्थितियों में भी जीवन अपनी खूबसूरती नहीं खोता, अपितु यह और भी गहराई से उसी प्रकार खिल उठता है जैसे पहाड़ों के बीच या ढलानों पर उगते हुए फूल।

मुझे आशा है कि यह काव्य संग्रह सभी के हृदयतल में अपना विशेष स्थान बनाएगा और आप सभी को प्रकृति, जीवन और भावनाओं के नए दृष्टिकोण से परिचित कराएगा।

धन्यवाद

लेखिका की कलम से

प्रिय साथियों,

आज आप सभी के समक्ष अपना एक और काव्य संग्रह "ढलानों पर उगी कविताएँ - एक पहाड़न की अनुभूतियाँ" प्रस्तुत करते हुए मेरा मन अत्यंत सुखद, भावुक और प्रसन्न हो रहा है। मैं छात्र काल के दिनों से ही कुछ न कुछ लिखती रही हूँ पर कभी यह नहीं सोचा था कि एक लेखिका के रूप में मेरी यात्रा प्रारंभ होकर इतनी सफलता प्राप्त करेगी।

कोरोना - काल में मेरी लेखन यात्रा को काफी समय मिला और मैं अनेकों साहित्यिक मंचों से भी जुड़ पाई। यूँ तो हमेशा ही मेरी लेखनी को माँ सरस्वती का आशीर्वाद मिला है जिसके कारण आप सभी पाठकों व सुधीजनों को मेरी कविताएँ पसंद आती रहीं और मैं अपनी लेखन - यात्रा में आगे बढ़ती रही।

जैसा कि आप सब जानते ही हैं कि एक नारी का मन अत्यंत कोमल तथा गहरे सागर के समान अनेकों भावनाओं से भरा होता है और पहाड़ों से जुड़ी होने के कारण मेरी इन कविताओं में अनेकों विषयों के साथ विशेष रूप से पहाड़ों, प्रकृति, देवदार, कैनवस, रंग और कूची, संगीत, गौरैया, सुबह, यादें, मन, महक़ती हैं हवाएँ, पहाड़ों में बसी वह लड़की, चूल्हे की महक़ आदि अनगिनत ये कविताएँ हैं जो मुझ पहाड़न ने देखी व

महसूस की और ये सभी स्त्री मन, संघर्ष और आत्मसम्मान की यात्रा हैं, इस संग्रह में पहाड़ी जीवन की सादगी तो है ही पर साथ ही ये उनके साथ जीने की भी अनुभूति देता है।

आज अपनी साहित्यिक लेखन यात्रा के इस पड़ाव पर ये सब स्मरण करते हुए मन हर्षित है।

मुझे विश्वास है कि आप सभी पाठकों को पुस्तक के रूप में मेरा कविताओं का यह छोटा - सा संग्रह प्रफुल्लित करेगा तथा आप सभी का आशीष, प्रोत्साहन और स्नेहिल साथ मुझे मिलेगा।

सहर्ष आभार सहित

- आचार्या नीरू शर्मा

लेखिका

आभार

"ढलानों पर उगी कविताएँ - एक पहाड़न की अनुभूतियाँ" यह काव्य संग्रह मेरे उन अनगिनत क्षणों के इंतज़ार का परिणाम है जो पहाड़ों के अंचल में जीवन जीते हुए धीरे - धीरे शब्दों में ढलते गए। मेरी इस यात्रा में अनेकों लोगों का स्नेह, सहयोग और प्रेरणा मेरे साथ रही, जिनके प्रति मैं हृदय से कृतज्ञ हूँ।

मैं अपने माता-पिता व अपने परिवार का धन्यवाद करती हूँ जिनके प्रेम, विश्वास और समर्थन ने मुझे लिखने की प्रेरणा दी। इनकी प्रेरणा ने हमेशा मुझे प्रकाश स्तम्भ बनकर मेरा मार्गदर्शन किया है।

मैं प्रकृति - पहाड़ों, पगडंडियों, नदियों, हवाओं, हर पात, पेड़ों, कैनवस और रंगों सभी का आभार व्यक्त करती हूँ, जिन्होंने मुझे हर पल कुछ न कुछ सिखाया और मेरे भावों को शब्दों की माला में पिरोया। इन्हीं के सानिध्य में ये कविताएँ जन्म ले सकी हैं।

मैं अपने गुरुजनों, मित्रों व प्रत्येक उस व्यक्ति की आभारी हूँ जिन्होंने मेरा प्रत्यक्ष या परोक्ष रूप से साथ दिया, मेरे लेखन को सराहा और आगे बढ़ने के लिए प्रोत्साहित किया।

मैं पुस्तक के प्रकाशन में सहयोग देने के लिए विशेष रूप से के०बी० राइटर्स की पूरी टीम (संपादक, प्रकाशक, ग्राफिक्स डिज़ाइनर, आदि..) का जिन्होंने पुस्तक के

आवरण (मुख पृष्ठ) से लेकर अंतिम पृष्ठ (पृष्ठ भाग) तथा प्रत्येक रचना के साथ बेहतरीन चित्रों को जोड़कर रचनाओं की ख़ूबसूरती में चार चाँद लगा दिए, हार्दिक धन्यवाद करती हूँ जिनकी ईमानदारी, मेहनत साहित्य के प्रति समर्पण भाव से मेरी यह कृति आप के समक्ष प्रस्तुत हो पाई है।

मैं हृदयतल से आप सभी पाठकों का आभार और धन्यवाद व्यक्त करती हूँ जो मेरी कविताओं को अपना कीमती समय और स्नेह देंगे। आप सभी के सहयोग और स्नेह के बिना यह काव्य-यात्रा अधूरी रहती।

"पहाड़ों से उतरती पगडंडियों पर उगे वृक्षों तले कुछ पत्तियाँ हवा के संग उड़ती हुईं मेरी खिड़की पर आकर कलम और स्याही के संग इक नई रचना के इंतज़ार में मुस्कुरा रही हैं...... ।"

सहर्ष आभार सहित

- आचार्या नीरू शर्मा

लेखिका

समर्पण

सर्वप्रथम ईश्वर के चरणों में सादर नमन और धन्यवाद करते हुए मैं, आचार्या नीरू शर्मा, अपना यह काव्य-संग्रह "ढलानों पर उगी कविताएँ : एक पहाड़न की अनुभूतियाँ" अपने माता-पिता को सादर समर्पित करती हूँ जिन्होंने प्रतिपल मेरा साथ दिया तथा मुझे अपना आशीष दिया।

इनके शुभ-आशीषों की बदौलत मैं अपना यह एकल कविता संग्रह प्रकाशित कर रही हूँ।

मेरी माँ श्रीमती कमला शर्मा एवं पिता श्री ओम प्रकाश शर्मा

- आचार्या नीरू शर्मा

विषय सूची

आइए!
शुरु करते हैं...

पहाड़ों का सफ़र

आओ कभी
हमारे यहाँ पहाड़ों पर,
बरसती बूँदों से
महक़ती माटी और
पात भरी पगडंडियों संग
सुहावने मौसम में
वहाँ, उस टपरी पर
माटी के कुल्हड़ में
अदरक, इलायची की
ख़ुशबू से
फ़िज़ाओं और दिलों को
मुस्कुराना सिखाती
इक यादगार
चाय पिलाएँगे तुम्हें।
आओ, जो तुम
हमारे यहाँ पहाड़ों पर,
तो माँ के हाथों से
चूल्हे पर पके भोजन का
स्वाद कराएँगे तुम्हें।
आओ, कभी
हमारे यहाँ पहाड़ों पर
तो रिश्तों की गहराई,
परवाह और
उन्हें ईमानदारी से
जीने का सलीका
दिखलाएँगे तुम्हें।
सुनो,
हर सुबह के
उगते सूरज संग
पंछियों का बेख़ौफ़
आँगन में आकर

दाना चुगना और फिर
पंख फैलाकर
मधुर कलरव करके
आज़ादी से उड़ना
दिखलाएँगे तुम्हें।
हाँ,
आओ, कभी जो
हमारे यहाँ पहाड़ों पर
पाकर प्रकृति की
ख़ूबसूरत सादगी
और
निःस्वार्थ सहयोग करके
मुस्कान भरे चेहरे देखकर,
तुम्हारे दिलों पर
शहरों की अजनबी
और कुछ
स्वार्थ भरी जो धूल है,
वह झड़कर
यहाँ की महक़ती माटी और
रिश्तों की पावनता
तुम्हारे मन में
समा जाएगी और
सुनो,
आओ, कभी
हमारे हिमाचल
यहाँ पहाड़ों पर
हमारी ख़ुशमिज़ाज़ी का
सबब
तुम जान जाओगे।

- आचार्या नीरू शर्मा

संगीत

प्रकृति के
कण – कण में
बजता है
इक मधुर संगीत सदा।
सुनो, गौर से
कभी नन्हे – नन्हे कंकड़,
पत्थर संग
शिलाओं की
अपनी दास्तान
और
पर्वतों से
गिरते झरनों संग
कलकल बहती नदिया
और
झूम – झूमकर चलती
पवन संग
मुस्कान बिखेरते
बादलों पर
मीठे कलरव करते
पंछियों की कतारों
और
खिलखिलाती कलियों पर
हौले – हौले गुनगुनाती
तितलियों संग
वृक्षों के नवकिसलय
और
धरा पर गिरे
पात – पात का संगीत,
सुनाते हैं सभी
हाले दिल
अनुपम प्रकृति संग

कभी पुरातन सभ्यता की
कथा – कहानियों
और
कभी मुस्कान बिखेरती
संस्कृति संग
शब्दों में पिरोकर
कोमल भावों की
महक़ती कविता बुनने का।
हाँ,
प्रकृति और धरा के
कण – कण में
गूँज रहा है
संगीत अनुपम - सा।

- आचार्या नीरू शर्मा

बसंत की आहट

पंछियों के
मधुर कलरव संग
नव कोंपलों
और
कलियों से
महक़ रहे हैं
वन और उपवन,
सज गई हैं
शाखाएँ
प्रकृति लगी है
मुस्कुराने,
यह आहट है
बसंत के आने की,
हरित वसन पहने धरा
चहुँ दिशाओं संग
सुवासित होकर
कर रही है
मुस्कुराकर
स्वागत
प्यारे बसंत के
आने का।

- आचार्या नीरू शर्मा

तितली

प्रकृति के
अनेकों रंगों को
भरकर
अपने सुनहरे पंखों में,
नन्ही प्यारी – सी तितली
देखो, आई है
महक़ ख़ुशियों की लेकर।
रंग – बिरंगे
पंख फैलाती
मुस्काती
चंचल – सी तितली
बहारों के
गीत सुनाती
सुवासित बयार संग
उपवन के
फूलों से मिलने
उड़ती चली आई है
सबको प्रेम से
मिलकर
जीना सिखलाने।

- आचार्या नीरू शर्मा

इक पाती ख़ुद के नाम

आज बड़े दिनों बाद
पहाड़ों के अंचल में
प्रकृति के करीब
करनी है
ख़ुद से मुलाकात
और
लिखनी है
इक पाती
ख़ुद के नाम...
पूछना है जिसमें
हाल ख़ुद का और
करना है प्यार ख़ुद से
संग करना है
आज इक वादा भी कि
रखना है ख़्याल
अहसासों का अपने
और
बिताना है
कुछ वक़्त भी
ख़ुद के संग
और
महक़ाना है
इन फ़िज़ाओं को
मुस्कान से अपनी।

- आचार्या नीरू शर्मा

माँ

रामायण की चौपाई
कुरान की आयत,
गंगा – यमुना और
सरस्वती – सी पावन,
वीणा की धुन - सी
है मधुर वाणी,
बसंत – सी महक़ती
रहती है हर पल,
है धरा – सी सहनशील
और दयालु,
है प्रथम गुरू और
संस्कारों का भंडार,
संस्कृतियों की
पहचान भी यही है,
हाँ,
यह माँ है, बस माँ
ईश्वर की
श्रेष्ठतम कृति
जिसमें समाया है
यह पूरा ब्रह्मांड।

- आचार्या नीरू शर्मा

वह चिड़िया

हुआ सवेरा
नन्ही – सी चिड़िया
आँगन में आई
फुदक - फुदककर
दाना चुगकर
बोली.....
मैं नव-दिवस में
नव-सूरज लेकर
मुस्कुराती आई हूँ,
तुम भी
नई भोर में
नव-लक्ष्य की ओर
क़दम बढ़ाओ
और
मुस्कान अपनी
चहुँ दिशि बिखराओ।

- आचार्या नीरू शर्मा

बिटिया

आई बिटिया
लाई खुशियाँ
नन्हे से पैरों में
पहन पायलिया
छनकाती – इठलाती फिरे
घर – आँगन में
और महक़ाए
मेरे जीवन को
इसकी मुस्कान और
मीठी बोली ज्यों
बागों को महक़ाए
अपनी कूक – कूक से
मधुर कोयलिया।

- आचार्या नीरू शर्मा

स्वाभिमानी नारी हूँ

अहंकारी नहीं,
कोमल मन की
नारी हूँ।
छल – कपट नहीं
आईने – सा दिल
रखती हूँ।
अश्रु आ जाते हैं
नयनों में जब भी
अपनों के दर्द स्मरण
होते हैं।
हाँ, नारी हूँ मैं और
स्वाभिमानी भी हूँ।

- आचार्या नीरू शर्मा

लौटने का अर्थ

लौटना हमेशा
हार नहीं होता
यह
साहस है बहुत बड़ा।
पहाड़ अपनाते हैं
लौट आने वालों को और
जो भूल जाते हैं
लौट आना
वे
भटक जाते हैं।
जानती हूँ मैं
कितनी दूर जाना है
और
कब लौटना है,
यह समझ है जो
बनाती है पहाड़न...मुझे।।

- आचार्या नीरू शर्मा

रंगों और भावों की महक़

ज्यों
कैनवस पर बिखरकर
हर रंग
इतराता – इठलाता है
त्यों ही
शब्दों में पिरोया
हर भाव
इतराकर - इठलाकर
हर्फ़ों संग
फ़िज़ाओं और दिलों को
महक़ाकर
मुस्कुराना सिखाता है।

- आचार्या नीरू शर्मा

परिवार की नींव - हमारे बुज़ुर्ग

ज़िंदगी की धूप - छाँव,
राह की हर
सफलता - असफलता,
ख़ुशी और ग़म,
सब कुछ
मुस्कुराते हुए सहकर,
परिवार की
ख़ुशियाँ पूरी करके
जीवन के
अंतिम पड़ाव पर
बुज़ुर्गों को
अहसास हुआ;
जिये वे
जिन अपनों की ख़ातिर
आज उन सबने
उनसे ठूँठे वृक्ष की भाँति
नाता है तोड़ लिया।
देखो,
आज फिर वे बुज़ुर्ग
जोश में हैं,
अपने जीवन के
अनुभवों से
इक नई राह पर
चल दिए हैं,
सीखा है सबक जो इन्होंने
उसे अब
जन – जन को सिखा रहे हैं।
ऐ, आधुनिकता की चमक-धमक में
खोने वाले मानव
समझ लो अब भी
ये बुज़ुर्ग ही हैं

परिवार की सच्ची नींव
जो अपनी ज़िंदगी
तुम पर
न्योछावर करके भी सदा
मुस्कान बिखेरकर
जी रहे हैं।

- आचार्या नीरू शर्मा

यह जीवन

बेशक क्षणभंगुर है
यह जीवन पर
बड़ा ही सुंदर भी है
यह जीवन।
कभी मुश्किलों भरा,
कभी मुस्कुराहट भरा है
यह जीवन
और
कभी जो
मेहनत करके भी
असफल हो जाएँ तो
सिखाता है
यह जीवन हमको
ना थामना निराशा का दामन
ना रूकना, ना थकना तुम
क्योंकि इन राहों पर
अनुभव जो पाया है तुमने
उससे अब
जो सफलता मिलेगी तुम्हे
वह जीवन में
निख़ार अनोखा लाएगी और
महक़ इन ख़ुशियों की
चहुँ ओर छा जाएगी।
हाँ,
याद रखना तुम सदा
अनमोल है ये जीवन
उदास रहकर ना गँवाना इसे
किरदार में अपने
ईमानदारी रखकर
आगे बढ़ते जाना सदा।

- आचार्या नीरू शर्मा

तिरंगा हमारा

देखो,
गर्व से लहरा रहा है
तिरंगा हमारा
गगन और धरा की
शान बनकर।
छूकर इसे
हवाएँ भी
देशभक्ति से
मग्न होकर
महक़ रही हैं
और
जन – जन की
श्वास – श्वास तक
एकता, अखंडता,
सद्भावना संग
देशप्रेम का
सुंदर संदेश
पहुँचा रही हैं।

- आचार्या नीरू शर्मा

नमन रणबाँकुरों

है नमन
मेरे देश के
बहादुर रणबाँकुरों
तुम आए जगत में
ख़ामोशी से मुस्कुराते
और
बनकर शान धरा की
समा गए हर हृदय में
ईश्वर की छवि रूप में
नमन है तुमको
मेरे वीरों!
रहेगा जन-जन कृतज्ञ
तुम्हारे निःस्वार्थ बलिदान का
जिसने बिखेरी ख़ुशियाँ
चहुँ ओर
और बढ़ाया सम्मान
अपनी धरा और देश का
हाँ,
नमन है मेरे प्रिय वीरों
सदा ही तुमको।

- आचार्या नीरू शर्मा

शिक्षक

ज्ञान की ज्योत जगाकर
जो करते हैं उजाला
जीवन में और
निःस्वार्थ स्नेह की
निर्मल धारा
सदा न्योछावर करते
शिष्यों पर
वे सम्मानित
हमारे गुरूजन कहलाते हैं।
जिनकी डाँट-डपट में भी
हित हमारा ही
समाया रहता है,
सीधे,सरल स्वभाव के हैं जो
जीवन हमारा
खुशियों से भरते
मेहनत और ईमानदारी की
राह पर
हमें चलाकर
आत्मसम्मान से
जीना सिखाते
वे धीर, गंभीर
हमारे प्यारे
गुरूजन कहलाते हैं।
सकारात्मक विचारों के प्रदाता,
प्रेरणा की प्रतिमूर्त
हमारे श्रेष्ठ
गुरूजन कहलाते हैं।
हम करते हैं नमन इनको
जो माता – पिता रूपी फ़र्ज़
निःस्वार्थ भाव से
सदा निभाकर

कंटक पूर्ण राहों से
निकलने का
मार्ग दिखाकर
हमें जीवन में
सफलता दिलाते
और जीना सिखाते।

- आचार्या नीरू शर्मा

बचपन

मिलकर
बचपन की सखियों से
आज फिर महक़ उठे
वो शरारत भरे
मुस्कुराते - इठलाते
प्यारे पल।
न खोना अब इनको
दुनियादारी की
भीड़ में,
यह हैं कीमती बड़े
नहीं इनमें
कोई छल - कपट
नादानियों और
अपनेपन की
सौगात है इनमें
ज़िंदगी जीने की उमंग,
मानवता और इंसानियत की
सच्ची पहचान है इनमें।

- आचार्या नीरू शर्मा

आया बंजारा

बड़े दिनों के बाद
आज आया बंजारा,
लाया रंग-बिरंगी
चूड़ियों संग
सबकी खुशियों का पिटारा
सुन, ऐ बंजारे!
ये काँच की
रंग-बिरंगी चूड़ियों संग
प्यारा-सा है नाता
हर नारी का,
तू जल्दी-जल्दी आया कर
लेकर चूड़ियों का
ये अनोखा पिटारा।
मुस्कुराता बोला बंजारा -
आओ,
माता - बहनों - नारियों
सजा लो.....
इन खनकती चूड़ियों से
तुम अपनी कलाई,
मैं बंजारा लाया हूँ
इंद्रधनुषी रंगों से सजा
चूड़ियों का ये पिटारा।

- आचार्या नीरू शर्मा

संग प्रकृति के मुस्कुराओ

हुई प्रभात
आया सूरज
नील गगन में लेकर
स्वर्णिम किरणें।
धरा मुस्कुराई
ओस जगमगाई
पाकर सुनहरी किरणें।
तुम भी उठकर
संग प्रकृति के
कुछ पल बिताओ
और
ख़ामोशी से
कुछ अपने मन की
कुछ प्रकृति की
सुन लो
और मुस्कुराओ।

- आचार्या नीरू शर्मा

वक़्त

वक़्त
कुछ गुनगुना रहा है,
नग़मा
कोई सुना रहा है,
पल - पल
जो यह बीत रहा है,
कुछ तो
सिखा भी रहा है।
क़लम कुछ लिख रही है,
भावों को शब्दों का
जेवर पहना रही है।

- आचार्या नीरू शर्मा

रास्ते

कहते हैं रास्ते
देखो,
कितने हैं
मोड़ मुझमें।
कितने हैं
कंकड़, पत्थर
मुझ पर।
जब नहीं रूकता
मैं कहीं थककर,
तो तुम क्यों
थककर - हारकर
बैठ जाते हो।
राही हो तुम
उठो – बढ़ो
और
तब तक चलो
जब तक मंज़िल पर
ना पहुँच जाओ।

- आचार्या नीरू शर्मा

चल तुझे चलना होगा

चल, कि तुझे
चलना होगा
संघर्ष तेरा है
तुझे ही लड़ना होगा।
न रूकना अब,
न अश्रु बहाना
बस मुस्कुराकर
बढ़ते जाना होगा।
मंज़िल तेरी ही है
तुझे उस तक पहुँचना होगा।
संघर्ष तेरा है
तुझे ही लड़कर
आगे बढ़ना होगा।
मंज़िल की ओर जाती
हर राह पर
मेहनत के फूलों की
वर्षा करके
तुझे चलना होगा।
हाँ, जब संघर्ष तेरा है
तो तुझे ही
कंटकों को करके पार
लक्ष्य को पाने के लिए
बढ़ना होगा।

- आचार्या नीरू शर्मा

मेरी ख़ामोशियाँ और मैं

वो रास्ते जो
कभी खत्म नहीं होते
वो घना जंगल
और
पक्षियों की चहचाहट
उस पे यह
असीमित आसमान,
वो पहाड़
और
नदियों की कल – कल
और उस ओर
सूरज का
अपनी सुनहरी किरणों को
लेकर आना और जाना
और
इन सबके बीच है
मेरी ख़ामोशियाँ और मैं।

- आचार्या नीरू शर्मा

नाटक जारी है

जीवन की इस बगिया में
सुख – दुःख के
कई पौधे हैं
किरदार सभी के
अनोखे हैं,
न उठकर जाओ
अभी तुम
देखो !
हर किरदार का अभी
रंगमंच पर
आना बाकी है
इसलिए
नाटक जारी है
किरदारों का
श्रेष्ठ अभिनय देख
दर्शकगण भी बोल उठे
अभी न गिराओ पर्दे को
एक अंक ही देखा है,
न जाने कितने अंक
अभी बाकी हैं
जीवन का रंगमंच है यह
अंतिम साँस तक
नाटक जारी है।

- आचार्या नीरू शर्मा

ज़िंदगी के अनोखे किस्से हैं

ज़िंदगी के किस्से भी
बड़े अनोखे हैं
कभी उफान लाते
समंदर हैं
तो कभी
लहराती नदियाँ हैं
कभी सूखे पत्तों की
सरसराहट है
तो कभी
कोमल कलियाँ हैं
कभी राहों में पत्थर हैं
तो कभी
ओस से सजी दूब है
कभी अमावस है
तो कभी सूरज की
चमकती किरणे हैं
हाँ,
यह ज़िंदगी है साहब
यहाँ सभी किस्से
बड़े अनोखे हैं।

- आचार्या नीरू शर्मा

ये फूल

धरती का
श्रृंगार हैं फूल,
पेड़ - पौधों की
शान हैं फूल,
उपवन की
मुस्कान हैं फूल,
माली की मेहनत की
पहचान हैं फूल,
क्या कहना
हँसते - खिलते फूलों का
तितली, भँवरों
और
हर दिल की
जान हैं फूल।
मंद – मंद शीतल
पवन की
महक़ हैं ये फूल,
बसंत की
बहार हैं फूल,
अनेकों रंग - रूप हैं इनके,
पर
वीर जवानों की
राह पर बिछकर
ख़ुद के भाग्य पर
गर्व से
इतराते हैं ये फूल।

- आचार्या नीरू शर्मा

हमारी संस्कृति

अमर है हमारी संस्कृति
यह प्राचीन
वेदों - उपनिषदों के संग
मानवता और इंसानियत का
बनकर आईना
सदा हमें राह दिखाती है।
यह विविधता में
एकता का
इक ख़ूबसूरत
एहसास कराती है हमें,
हमारी ही संस्कृति का
महत्त्वपूर्ण अंग है
पुरुषार्थ - चतुष्टय...
जो
मानव जीवन को निरंतर
गति प्रदान करता है।
शिक्षा की ओर अग्रसर करके
यह नित हमें
नए पाठ पढ़ाती है।
संस्कृति हमारी
हमें सही - गलत
अच्छाई - बुराई का
भेद सिखाती है।
दया, विनम्रता, सद्भावना
और ईमानदारी की
राह दिखाती है।
सुनो, ऐ मानव !
अपनी संस्कृति का
तुम मान करो और
विश्व में
इसकी श्रेष्ठ पहचान बनो।

- आचार्या नीरू शर्मा

पलकें

आँखों पर पलकों का
पहरा है
क्योंकि उनमें
एक
ख़्वाब सुनहरा है।
हौले-हौले
खोलना इन प्यारी-सी
पलकों को
महक़ रहा है इनमें जो
वह संसार
अपनों की खुशियों का है।

- आचार्या नीरू शर्मा

महक़ते शब्द

सुन, सखी !
जब भी भावों ने लिया
शब्दों का रूप
बन गईं कुछ कविताएँ,
कुछ किस्से,
कुछ कहानियाँ,
इन्हें कभी पढ़कर
और
कभी सुनकर
कुछ जन मुस्कुराए,
कुछ खिलखिलाए
और
कुछ यादों में खो गए।
सखी ! देखो,
हुई प्रभात
मुस्कुराता सूरज
आया स्वर्णिम किरणें लिए
पहाड़ों की ओट से
और
साँझ जो ढली तो
चाँदनी की ठंडक
संग लिए
थोड़ा शरमाता
सितारों की जगमग
और बढ़ाता
चाँद चला आया
आसमान की शान बढ़ाने।
सखी री !
इन स्मित मुस्कुराते
नज़ारों में
मेरे इन महक़ते - गुनगुनाते,

चंचल से शब्दों ने
बिखेर दी खुशियाँ
इन मदहोश फ़िज़ाओं में।

- आचार्या नीरू शर्मा

किसी की उम्मीद बनो

ये सुख-दुख जीवन के
दो पहलू हैं
ना इनसे तुम घबराओ।
जब भी दिखे कोई तुम्हे
जो
जीवन से हारा हुआ हो
तो
हाथ बढ़ाकर
उसका सहारा बन जाओ।
किसी के
ग़मों के अंधियारे को
बदलकर मुस्कान में
उसके जीवन की
रोशनी तुम बन जाओ।
खुशियों में तो
देते हैं सभी साथ अपनों का,
पर
तुम जब भी
दुख-दर्द में देखो
अपने-पराए किसी को भी
तो
उसकी मुस्कान का
सबब बन जाओ
और
सच्चे मनुज हो यदि तुम
तो
करो निःस्वार्थ कर्म-सेवा
सदा ही
और
किसी की ख़ुशियों की
उम्मीद बनकर
उसके जीवन में
महक़ता उजाला तुम ले आओ।

- आचार्या नीरू शर्मा

नन्ही सी गौरैया

हुई प्रभात
पहाड़ों की ओट से
अंबर पर
अपनी स्वर्णिम किरणों के
रंगों की छटा बिखेरता
धरा को रोशन करता
सूरज मुस्कुराया है,
संग इसके
चहक - चहक कर आ गई
प्यारी - सी गौरैया
आँगन मेरा चहक उठा
सुनकर इसकी मीठी बोली,
इधर फुदककर, उधर फुदककर
दाना खाकर, पानी पीकर,
पंख फैलाकर
आसमान को छूकर आ जाती
मेरी नन्ही गौरैया,
बिन इसके सूना हो जाता
दिल हम सबका और
मेरा घर - आँगन,
स्नेह बाँटकर
दोस्ती खूब निभाती
यह छोटी - सी
मेरी सोन गौरैया,
जब भी मैं लिखने बैठूँ तो
आकर कभी मेरी खिड़की पर
और कभी पुस्तक के करीब
संग मेरा निभाती
यह मेरी प्यारी गौरैया,
ऐ मानव !
तुम भी सदा इसका

रखना ध्यान
क्योंकि यह है
प्रकृति की प्यारी मुस्कान
नन्ही सी गौरैया।

- आचार्या नीरू शर्मा

बड़ा अनमोल रहा यह सफ़र

अनगिनत
उतार - चढ़ाव लिए
रहा है
यह सफ़र हमारा
और
पलकों पर सजे
जो सपने
उन्हे सच करने का
हौसला देकर
और
राह दिखाकर
सफ़र की ख़ूबसूरती का
एहसास भी
हमें है कराया इस सफ़र ने
क़लम जो
थोड़ा रुकी सी थी
उसे
शब्दों और हर्फ़ों संग
फिर से महक़ना
इस वक्त के सफ़र ने ही
हमें समझाया
हाँ,
सच तो है यह कि
जीवन जीना
इस अनोखे सफ़र ने ही
हमें है सिखाया।

- आचार्या नीरू शर्मा

आओ हमारे यहाँ पहाड़ों पर

हाँ,
यूँ ही मुस्कुराते
भावों को देकर शब्दों का रूप
महक़ते गाते
क़दम उठाते
सफ़र की धूप – छाँव का
अनुभव और लुत्फ़ लेने
इन कविताओं संग
चीड़ और देवदारों
की ख़ुशबू पाने
हाँ,
आओ...
हमारे यहाँ पहाड़ों पर
सुकून और ईमानदारी
भरी हवाओं में
खुशियों भरी
चाय पिलाएँगे
और
इस पावन प्रकृति की
ख़ूबसूरती से रूबरू कराएँगे।

- आचार्या नीरू शर्मा

चुप हैं रास्ते

देवदार और चीड़ के
वृक्षों तले
पहाड़ों से उतरते हुए
सुनो ज़रा
चहक रहे हैं पंछी
कुछ
गुफ़्तगू कर रहे हैं तरु
बस
चुप हैं रास्ते।

- आचार्या नीरू शर्मा

खोल निशी के पट

खोल निशी के पट
सूरज की किरणें आईं हैं
हौले हौले खोल पंखुड़ियाँ
कलियाँ मुस्काई हैं
हृदय में स्नेह लिए
होंठों पर शिशु सी मुस्कान छाई है।
खिले फूल सदा रंग-बिरंगे
हो मधुर वाणी
व्यवहार शालीन और सरल हो
शीतल हो हर मन
महक़ती हुई बयार निःस्वार्थ बहकर
जन-जन को
जीवन जीने की कला सिखलाए।।

- आचार्या नीरू शर्मा

पहाड़ों से निकलती ये नदियाँ

इन पहाड़ों से निकली
नदी के नीर से
खिलखिलाए खेत और
लहलहाई फसलें
इस नीर ने महक़ाया जीवन।

जीवनदायी हैं ये नदियाँ
चंद्र और भागा से बनी चिनाब
रावी, व्यास, सतलुज, यमुना
मेरे हिमाचल की जान
थोड़ी चंचल...शांत और
चित्तचोर हैं ये नदियाँ।

विकास के नाम पर
न काटो अंधाधुँध पेड़ों को
न रोको नदियों का रास्ता
न करो पहाड़ों को खोखला
जो आईं क्रोध मे ये तो
तोड़कर बंधन और सीमाएँ
कर देंगी
विनाशकारी प्रलय का आगाज़।

ले जाएँगी ये संग अपने
सब कुछ बहाकर
न रहेंगे स्थिर मजबूत सुकून देते
ये पहाड़.....
न रहेगा जीवन और ख़ुशियाँ।

समझो संभलो और
समेट लो अनगिनत इच्छाओं को
जो विकास के नाम पर
प्रकृति का दोहन करें।

सुनो, ऐ मानव!
प्रकृति के कण-कण का
महत्त्व समझो
प्रकृति और पर्यावरण होंगे जब
स्वच्छ-स्वस्थ, हरे-भरे...
तभी तुम
आज और आने वाले कल को
मुस्कुराकर जिओगे
महक़ती हवाओं, नदियों और
पहाड़ों की ख़ूबसूरती में
मुस्कान शांति के पल जी पाओगे...।।

- आचार्या नीरू शर्मा

पल दो पल का है जीवन

कैसे यह...हुआ है
मानव के चेहरे पर चेहरे लगे हैं
यहाँ मानव ही मानव को छल रहा है
जीवन यह पल दो पल का है
यह जानकल भी स्वार्थ कपट कर रहा है...
ऐ मानव! निःस्वार्थ भाव से कर्म करके
बाँटकर खुशियाँ और मुस्कान सभी को
मानवता का धर्म तुम निभाओ...
ईश्वरीय वरदान है मानव जन्म...
सच्चाई और ईमानदारी की राह चलकर
जीवन को सफल तुम बनाओ... ।।

- आचार्या नीरू शर्मा

मुझे पसंद है

हाँ मुझे पसंद है
अपने अस्तित्व को बनाए रखने के लिए
संघर्ष करती औरतें
अपने आत्मसम्मान की ख़ातिर
अकले लड़ने का हौसला रखती औरतें
अपने आँसुओं को ख़ुद पोंछकर
मुस्कुराकर मंज़िल की ओर बढ़ती औरतें।

- आचार्या नीरू शर्मा

दो लफ्ज़

राह ने कहा नज़ारों से...चलो थोड़ा घूम आएँ,
नज़ारों ने लहराकर कहा...घूमते तो रोज़ हैं,
चलो थोड़ा अब ठहर कर
कुछ मुस्कुराहटें शहर में भी बिखेरते हैं।

- आचार्या नीरू शर्मा

सँवरे पल

यह जो जीवन है, कभी यूँ लगता है
बरसों उलझा-उलझा सा था
तो कभी लगता है ज्यों पल में सुलझ गया है,
इन्हीं आते-जाते पलों में
यह सँवर कर महक़ता जा रहा है।

- आचार्या नीरू शर्मा

जीवन में रंग

ख़ुशियों में
ग़म भी रहता है
ज़्यादा या कम
पर
रहता है
बिन इसके
कैसा जीना क्योंकि
जीवन में रंग भाव विचार
कहाँ है इसके बिन।

- आचार्या नीरू शर्मा

इक धरा इक व्योम

इक धरा
इक पवन
इक ही है जल
और
इक है व्योम भी
है अग्नि का
स्पर्श भी इक-सा
सो
सच को समझो
और पहचानो
प्रकृति के हर रूप में
जीवन के हैं सभी रंग
देख परिवर्तित धार को
न हो हैरान तू
संग समय के चलता चल
देख मंज़िल पास है।

- आचार्या नीरू शर्मा

महक़ उठती हैं साँसें

शहरों में
रहने वाले
पहाड़ों की शांति
और सुकून को
क्या जाने......
मुस्कान और खिलखिलाहट
चेहरों पर ही नहीं
दिलों में होती है और
प्रकृति अकेले नहीं चहकती यहाँ
इसकी महक़
हमारी साँसों में होती है।

- आचार्या नीरू शर्मा

कृष्ण प्रस्तर कुछ कह रहा है

कृष्ण प्रस्तर पर
उकेरा है
स्मित मुस्कान लिए
राम लला को
अब...
मंत्र-मुग्ध कर रही है
इनकी प्यारी मूर्त
सबके अंतस-मन को।

- आचार्या नीरू शर्मा

पूछो इक उम्र गँवा चुके उस किरदार से

लिखा है
सच और ईमानदारी को
ईमानदारी और सच्चाई से
पर
आज किसी को देखा मैंने
बरसों से
न्याय के इंतज़ार में बैठे हुए
लिखा अब तक है
जीत सच्चाई की होती है
पर
वक्त रहते न हो यह
तो
कैसा न्याय और सच्चाई
यह
उस इंतज़ार की आस में
इक उम्र गँवा चुके किरदार से पूछो.....

- आचार्या नीरू शर्मा

ईश्वरीय रचना में; नहीं किसी से कोई कम

नारी
हाँ, नारी
क्या आज़ाद
धरा पर आई हो
हाँ कहती हो ग़र तुम तो
क्यों सकुचाई डरी-डरी रहती हो
देख अँधेरा और नर को
बिन डरे घर से बाहर नहीं निकलती हो
निर्भय होकर नहीं चलती
संस्कारों को निभाने वाली क्या केवल तुम रक्षक हो
बंधन में अंधविश्वास के क्यों केवल
तुमको बाँधा जाए
मानव रूपी जन्म लिया है तुमने
भाव-विचार-हृदय तुम्हारे भी तो हैं
तो क्यों न समझती हो तुम ख़ुद को ईश्वर की बनाई
ख़ूबसूरत विनम्र विदूषी मानवीय रचना
जननी हो तुम नहीं किसी से कम
मुस्कान धरो अधरों पर
करो मन की
पर
करो सदा सत्कर्म और बनो सच्ची मानव सदा
सुनो
ऐ नर तुम
हो तुम भी
ईश्वर की ही बुद्धिजीवी रचना
तो
क्यों करते हो
अत्याचार दुराचार दुर्व्यवहार नारी संग
हो तुम दोनों ही प्रकृति के
ख़ूबसूरत अंश
तो क्यों

कोई भी नारी सम्मान और आज़ादी से
नहीं रह पाती है
और
यदि करे तुम्हारे समान कर्म तो
क्यों तुम्हें
अखरता है उसका उन्नति करना
फिर
तुम करते हो क्यों उसे तंग
चरित्र पर उसके ऊँगली उठाते हो
तो
पहले झाँको अपने अंदर
दूजों के चरित्र पर ऊँगली वह उठाते हैं
जिनका ख़ुद का मैला है विचार और मन
ऐ नर
बनो तुम ईश्वर की सच्ची रचना
और
करो ऐसे कर्म कि
तुम खड़े हो जाओ जहाँ
नारी वहाँ से निकले बिन भय ससम्मान सर उठाकर
है इसी में
पुरुषार्थ सच्चा तुम्हारा
समझो यह बात तुम
कि
तुम दोनों में से
नहीं है कोई किसी से कम.... ।।

- आचार्या नीरू शर्मा

तुम्हे इंतज़ार किसका है

अँधेरे को हराते हुए
और
न जाने कितने ही दिवस की
अमावस की रजनी को
परे धकेलकर
निकल आया है सूरज
नव दिवस की धवल किरणों को
संग लिए
कह रहा है आकर यह तुमसे
जब
नहीं रहता है अंधियारा सदा के लिए
तो तुम
उम्मीदें, उमंगें और ख़ुशियों के
अनेकों पलों को
न यूँ ही गँवाया करो
जो आए मुश्किलें राह में तो
न घबराओ बस
कुछ पल ठहरकर
क़दम हौले-हौले बढ़ाकर
मंज़िल की ओर चलते जाओ
तुम्हे इंतज़ार किसका है
तुम बस
मुस्कान अपनी ज़िंदादिली की
चहुँ ओर बिख़राते जाना,
फिर
तुम्हारी मेहनत की रोशनी से
हर दिशा महक़ उठेगी
मंज़िल भी ख़ुद
बाँहे पसारे स्वागत तुम्हारी करेगी।

- आचार्या नीरू शर्मा

कहता है उसका अंतर्मन

वह बुज़ुर्ग
जो मृत्यु को प्राप्त हुआ
उसे देखकर
कुछ बुज़ुर्ग थोड़ा परेशान
थोड़ा डरे हैं
नहीं...
मृत्यु से नहीं...।
पर
उसके मरने पर
उसके बच्चों-परिवार ने जो
तकलीफ़े उठाईं
उसके जनाजे को उठाने में और
जिस कर्ज़ तले
वे दबे...
उन सब परिस्थितियों को देख
उसके हमउम्र बुज़र्ग डरे।
हाँ,
नहीं देना चाहते वे
कोई तकलीफ़ अपने परिवार को
चाहे
कैसा भी हो परिवार
हैं वे अपने
ऐसा कहता है उसका अंतर्मन...।

- आचार्या नीरू शर्मा

क्या लिखूँ ?

क्या लिखूँ...?
क्या कुछ ख़्याल...
कुछ ख़्वाब...
कुछ ख़्वाहिशें...
कुछ एहसास...
या
वह जो उसने कहा...
या
जो कहा गया पर...
उसने समझा ही नहीं।
नहीं,
ये सब नहीं...
पर फिर क्या लिखना चाहे है;
ऐ मन तू ही समझा कुछ.....
हाँ,
शायद...
कुछ ख़ामोश
पर
सुकून भरे लम्हे
जो बिताए हैं
गिरी के आँचल में
टेढ़ी-मेढ़ी पगडंडियों पर
महक़ती हवाओं संग,
तरुओं से टूटकर
धरा पर गिरे
सूखे सरसराते पत्तों
की अनकही दास्तान,
खुला आसमाँ और
उसके तले
दिन और रातभर
बोबो से बतियाना

हँसना-हँसाना,
वह सर्दियों का मौसम
चूल्हे का जलना
उसके इर्द-गिर्द बैठकर
अपनों का.....
अनेकों किस्से सुनाना,
अदरक-इलायची की
चाय का बनना और
सबका चाय की
चुस्कियाँ भरकर
गीत सुनाकर
मौसम संग अंतस को और भी
ख़ुशगवार बना देना...
हाँ, सच यही तो
लिखना और जीना चाहे है
मन हरदम..... ।

- आचार्या नीरू शर्मा

कैसी उलझन

बहुत उलझन में
लगते हो
आओ...
हमारे यहाँ
इन ख़ूबसूरत ख़ामोश
पहाड़ों पर
तुम्हे इस पावन धरा
और गुनगुनाती फ़िज़ाओं में
हौले से मुस्कुराना
और महक़ना सिखलाएँ
उलझन में ना रहो
है अभी वक्त
ख़ुशियाँ बाँटकर
सुकून और दुआएँ अनेकों
ले जाओ... ।

- आचार्या नीरू शर्मा

आज

ऐ हवाओं!
सुनो,
आज ख़ुद से ही
थोड़ा उलझी...
थोड़ा झगड़ी...
हूँ मैं....
पर
न हमने
रूठकर मुँह फुलाया
और न मचाया शोर
बस...
कुछ ही पलों में
इक-दूजे को समझा
और
फिर...
मजबूती से
मुस्कान संजोए
खड़े हो गए हम दोनों
इक-दूजे संग।

- आचार्या नीरू शर्मा

मौसम

सखी री!
ली मौसम ने
मीठी-सी करवट
हौले-हौले
चहुँ दिशाएँ
महक़ाती चले
शीतल-सी हवाएँ
हुई पात
कुछ पीली-पीली और
कुछ नारंगी
बदली भी मुस्काई
फिर उसने आसमान में
इंद्रधनुष दिखलाया
धरा ने खुश होकर
हिम की श्वेत-सी प्यारी
चादर ओढ़ी
हाँ, देख सखी री
मौसम की यह अंगड़ाई।।

- आचार्या नीरू शर्मा

रंगमंच

रंगमंच सा है
यह संसार और
जीवंत है यहाँ
हर किरदार
पर
आए कैसा भी वक्त
जो
ज़िंदादिली से
मुस्कुराते हुए निभा जाए
अपना किरदार
वही है
इस जीवन के रंगमंच का
सच्चा कलाकार।

- आचार्या नीरू शर्मा

यह जीवन

कभी है हरा-भरा
कभी शुष्क-सा
थोड़ा धुंध भरा
थोड़ा दर्पण-सा
है कुछ ख़ुश्क
और कुछ नमी लिए
थोड़ा गहरा
थोड़ा उथला-सा
हाँ,
यूँ ही
अनगिनत एहसासों
और
भावों से भरा
है
यह जीवन
तो
तुम भी
थोड़ा अल्प विराम
लेकर
मुस्कान और
ज़िंदादिली से भरकर
ख़ुद को
बढ़ते रहो
और अपनी ज़िंदगी की
क़िताब के
नए पन्ने को ख़ूबसूरत
बनाते चलो।

- आचार्या नीरू शर्मा

निःशब्द नहीं है नारी

कहते थे
वे सफ़ेदपोश लोग
कन्या वह अछूत थी पर
उनके दिलों के करीब थी
थी वह चंचल हिरनी सी
माँ बापू की लाडली थी पर
न ध्यान रहा उन्हें यह बताना
कन्या को कि
यह नरभक्षियों का ज़माना है
कभी अपने कभी संबंधी कभी अनजान
बनकर ये फ़रेब करते हैं
रिश्तों संग मानवता को तार-तार कर देते हैं
पर तुम सफ़ेदपोशों ने तो कहा था
वह तो अछूत थी
जब छू नहीं सकते थे तो
शिकार कैसे कर गए तुम उसका
और
तुम कहते हो हर स्त्री
माँ दुर्गा और देवी समान होती है तो
कैसे उससे निर्मम व्यवहार किया
तुमने ऐ नर !
कैसी पौरुषता है यह जो तुम
स्त्री से अनाचार, दुराचार उसका तिरस्कार
और अपमान करते हो
किसी भी नर का पुरुषार्थ,पौरुषता
तो
शिव समान होता है यह क्यों भूला बैठे तुम
अब ख़ुद की माँ बहन बेटी का सम्मान
कैसे करोगे
जब ख़ुद को शर्मसार तुम ख़ुद ईश्वर और
किसी स्त्री के सम्मुख ख़ुद कर आए हो

सुनो, ऐ नारियों !
यह जान लो और मान लो तुम
नहीं कोई स्त्री कभी शर्मसार होगी
जब भी कोई अनाचार दुराचार करे तुम संग
तो वह दुराचार तुम्हारा नहीं ख़ुद उस नर की
माँ बहन बेटी का होगा
क्योंकि
हर स्त्री की देह के समान ही
उस अनाचारी-दुराचारी नर की माँ,बहन,
पत्नी,बेटी की भी हैं तो
सर्वप्रथम उसकी माँ और उनके दिए संस्कारों संग
वे सभी शर्मसार भी होंगी... ।।

- आचार्या नीरू शर्मा

सर्द-सी ये हवाएँ

सर्द-सी ये हवाएँ मुस्कुराती
ओस की बूँदों संग
हर पात को हौले से हिलाती-झुलाती
थोड़ा कँपकँपाती...थोड़ा सरसराती हुईं
कुछ गुनगुना रही हैं...सुनो...!
इक मीठा-सा संगीत...मधुर तान छेड़ रही हैं
हाँ, फ़िज़ाओं को महक़ा रही हैं।

- आचार्या नीरू शर्मा

नुपुर पहने हुई भोर

भोर हुई
नुपुर पहने
मधुर ध्वनि करती
चली है गोरी
पनिया भरन को
संग सखियाँ सभी
मुस्काती चली हैं
पहुँच नदिया तीरे
पवन के ठंडे झोंकों संग
गुनगुनाने लगी सब
नीर में पाकर अपनी छवि को
गोरी ख़ुद को
अपलक निहारन लगी है
देखो ज़रा
सखियों संग उसने
चुने जो
डाली से झड़े महक़ते फूल
उन फूलों को
दर्पण से उजले नदिया के नीर में
तकती ख़ुद को
स्मित मुस्कान होंठों पर धरकर
केशों में सजाने लगी है
सखियों ने ज्यों ही की हँसी ठिठोली
वह भी उन संग
हँसते मुस्काते झूम झूमकर
नवगीतों को
सुर और ताल देने लगी
हाँ, कोमल सुकुमारी
कभी भोर और कभी साँझ हुए
सखियों संग
पनिया भरत गगरी को सर पर धरकर
लोकगीतों की
महक़ चहुँ ओर बिखेर रही हैं।

- आचार्या नीरू शर्मा

मिली थी धूप

धूप मिली थी राहों में इसलिए
क़दम चलते रहे...बढ़ते गए
ग़र मिलती छाँव तो न अनुभव मिलते...
न राहों की ख़ूबसूरती...न कुछ अच्छे मानव
और न मंज़िल इसलिए धन्यवाद है प्रकृति तुम्हारा
और सूरज की हर किरण तुम्हारा।।

- आचार्या नीरू शर्मा

ख़बर

गलत को ख़बर है
कि
कहाँ कमी है
इसलिए
फ़ायदा इसका ही उठाकर
वे
गलत ही गलत को
जायज़
बनवा कर...कहलाकर...
हर
मासूम और शरीफ़ के संग
अन्याय
किए जा रहे हैं
और
सही....हाँ,....सही
सिर्फ़ और सिर्फ़
इंतज़ार
बेशुमार किए जा रहे हैं
पर
हाँ,
दिल से निकली उनकी
ख़ामोश आह!!!!!!
अब
क़हर बरपा देगी
क्योंकि
उनकी आँखों की नमी
अब
ईश्वर की आँखों में समा गई है

- आचार्या नीरू शर्मा

पर्यावरण

सुनो, ऐ मानव
जरा गौर से
जिस धरा पर तुमने
जन्म लिया है
उसका तुम सम्मान करो
देती है वह सदा
हर प्राणी को सुख और खुशियाँ
निःस्वार्थ भाव से
माँ रूपी यह धरा हमारी
सहनशील और सबसे प्यारी है
न इसका अति दोहन करो
पर्यावरण का संरक्षण करो
कर रही है सचेत अभी भी धरा
रोको वृक्षों का काटना
आधुनिकीकरण की होड़ में
न बनाओ धरा को कंकरीट का जंगल
मानव होकर मानवता न छोड़ो
स्वस्थ रहोगे जब पाओगे
शुद्ध हवा और प्रकृति का सानिध्य तुम
वृक्षारोपण करो, नदियों और धरा को
स्वस्थ रखो।
प्रकृति का सौंदर्य और आशीष सदा पाना है तो
प्लास्टिक का उपयोग खत्म करो अब
पंछियों के कलरव से
प्रातः होगी सुमधुर तुम्हारी
जब होगी हरियाली धरा पर और
पर्यावरण से होगी दोस्ती तुम्हारी।

- आचार्या नीरू शर्मा

दीप जगे

दीप जगे झिलमिल-झिलमिल,
हर दिशा और हर जीवन से
अंधियारा भागे दूर,
हो सभी के लिए सदा मन में
आदर-सम्मान का भाव,
विश्व शांति और सौहार्द का
ऐसा अनुपम संदेशा लेकर आया है
दीपावली का यह त्योहार।।

सुख समृद्धि घर आए
शांति सुकून मन में समाए
मुस्कान सदा चेहरे पर छाए
दीपावली के जगमग दीप जगें और
सभी सकारात्मक विचारों से भर जाएँ
दीपावली की हार्दिक शुभकामनाएँ व बधाई।।

- आचार्या नीरू शर्मा

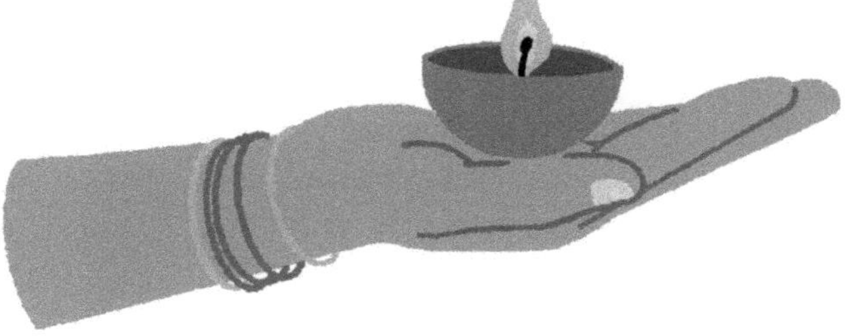

युद्ध

धन, दौलत, ज़मीन, आसमान,
प्रकृति प्रदत संपदाओं
सहित अनेकों वस्तुओं से लेकर
न जाने कितने ही
असीमित अंश - वंश को लेकर
हुआ जब भी युद्ध,
देशों के मध्य
विचारधाराओं के मध्य
परिवारों, पड़ोसियों आदि के मध्य
और फिर
लिप्त होते गए इसमें
जाति, धर्म, समाज
और होता गया
इन पर प्रहार और प्रहार
पर
ऐ मानव !
कर दी हैं तुमने अब तो
हदें ही पार
इन युद्धों, जाति, धर्म, संस्कृति के
नाम पर
स्त्री के स्त्रीत्व मान - सम्मान पर
करने लगे हो वार
कर रहे हो उस पर प्रतिघात
क्योंकि शायद
नहीं रहा है तुममें अब
मातृ तुल्य माता का करना सम्मान
पुरुष होकर भी अपने पौरुषत्व का
कर रहे हो तुम अपमान,
आज धरा भी
तुम्हारे कृत्यों से शर्मसार होकर
स्त्री और मातृ रूप में

देती है तुम्हें श्राप
न पाओगे अब कभी तुम मानव जन्म
और इन कुकृत्यों का
हर जन्म में पाओगे दंड और केवल दंड।

- आचार्या नीरू शर्मा

पलछिन्न सा जीवन

पके जामुन की महक़ती ख़ुशबू
और मधुर मिठास घुल रही है
हौले-हौले बहती पुरवैया में,
माह आषाढ़ का लेकर आया
बरखा की बूँदों संग
माटी की महक़,फूलों की रंगत,
पंछियों की चहक़,भँवरों की गुँजन
और
सबका हृदय यूँ नाच उठा ज्यों
होकर मस्त मग्न मयूर करे
नृत्य की हर ताल पर ता-ता-थैय्या,
प्रकृति का कण-कण
बाँट रहा है सभी को खुशियाँ,
पाकर इसका अनुपम सान्निध्य
तुम भी बनो निःस्वार्थी
और
पलछिन्न-सा जो यह जीवन है इसमें
बाँटकर मुस्कान हर दिल को
महक़ा लो इसे और मुस्कुरा लो ख़ुद भी।

- आचार्या नीरू शर्मा

ऐ मेरे प्यारे वतन

मेरा आर्यावर्त, मेरा भारत
विश्व गुरू कहलाता है,
सबसे प्यारा सबसे न्यारा
है मेरा यह वतन,
अनेकों भाषाओं और
संस्कृतियों को सहेजे
अनेकता में एकता की
पहचान है मेरा यह वतन,
पाया है जन्म
इस पावन धरा पर मैंने
यह मेरी पहचान है,
ऐ मेरे प्यारे वतन!
तेरी आन, बान और शान की ख़ातिर
हर भारतवासी
कर दे खुद को कुर्बान है,
प्रेम, सद्भावना और अखण्डता की
अनोखी मिसाल है
मेरा यह अनमोल वतन।

- आचार्या नीरू शर्मा

कृष्ण कन्हैया

सुनो, सखी री!
आ रही है ब्रज से इक
धुन मनमोहक
बजने लगी है कृष्ण की बाँसुरी
संग है प्यारी राधा रानी और
सब गोप - गोपियाँ।
देखो, सखी री!
मीठी-सी इस धुन पर
नृत्य करे हैं सबके संग
नटखट मोहक सूरत वाले
प्यारे कृष्णा रास-रचैय्या।
सखी री!
जिसने भी लगन लगा ली
कृष्ण की बाँसुरी संग
फिर उसे नहीं हुआ कोई
राग, द्वेष, दुख ऐसे हैं
हमारे मोरपंखी,गईयन के रक्षक
कृष्ण कन्हैया।

- आचार्या नीरू शर्मा

दरकते पहाड़ों की पुकार

दरकते हुए पहाड़
कर रहे हैं पुकार
चेत रहे हैं अब भी
ऐ मानव
ना कर मुझ पर प्रहार
ना काट तू
चीड़, देवदार से अनगिनत वृक्ष
ना धरा को बंजर बना
करले तू यह याद
जो ना रहे हम और
प्रकृति का कण-कण तो
होगा घोर विनाश
ना होगी कोई सभ्यता और
ना होगा तुम्हारा नामो निशान
करो लो अब भी
प्रकृति संरक्षण
नहीं तो होगे अब तुम
इस धरा के आखिरी मेहमान...
दर्द से भरे
दरकते पहाड़ कर रहे हैं पुकार...

- आचार्या नीरू शर्मा

मेरे देश की माटी

मेरे देश की माटी
महक़ रही है
सुगंध अपनी बिखेर रही है।
वेदों की वाणी
ज्ञान और आत्मांनद देकर
संस्कृति, संस्कारों को सीखा रही है।
कहती है यह हमसे
नहीं है कहीं जातिगत कोई भेद
है बस कर्मों का भेद
हर मानव को समझा रही है।
सुनो, ऐ मानव!
अपनी संतानों को सिखाओ तुम
स्त्री और पुरुष हैं एक समान
करो सदा एक सा इनका आदर, मान
इस धरा पर माता-पिता हैं ईश्वर का रूप
ना देना कभी इनको तुम तकलीफ़।
ऐ धरावासियों!
ना करना स्त्री का कभी अपमान
तुम्हारी माता,बहन,बेटी भी हैं
उसी स्त्री का ही प्रतिरूप
जो किया यदि तुमने एक भी स्त्री का अपमान तो
कर दोगे तुम अपनी जननी संग उसके
दिए संस्कारों का भी अपमान
याद रखना सदा तुम हर स्त्री है देवी स्वरूप।
माटी मेरे देश की
अमर शहीदों की गाथा सुनाकर सभी को
देशभक्ति के रस में भिगोकर
देश प्रेम की धारा से जोड़ रही है और
भारत के "विश्व गुरू" होने का भी
अर्थ समझा रही है।

- आचार्या नीरू शर्मा

गुलाबी बुरांश के फूल

पहाड़ों के आँचल में बसा
मेरा गाँव मेरा घर
और सामने पहाड़ी पर
वृक्षों के झुरमुट
और उन वृक्षों में खिलखिलाता
गुलाबी बुरांश का वह वृक्ष
ये फूल हर राहगीर को
अपनी ओर आकर्षित कर लेते हैं
पगडंड़ियों पर गिरकर
यह धरा की रंगत बढ़ाकर उसे
मखमली सा बना देते हैं।

- आचार्या नीरू शर्मा

ढलानों पर उगी हैं कुछ कविताएँ

पहाड़ों से आती
ढलानों, पगडंडियों पर उगी हैं
मेरी कविताएँ
हाँ, कागज़ पर नहीं
उन पगडंडियों पर
ढलानों पर उगी हैं,
यहाँ की हवाओं से
मिले भाव, शब्द और भाषा
और पहाड़ों से मिला धैर्य
ये शब्द जो
मन में उतरते हैं और
सुकून देते हैं।

- आचार्या नीरू शर्मा

बर्फ़ के नीचे

बर्फ़ जिसके नीचे
जीवन ख़त्म नहीं होता
ना सोता है
वह करता है तैयारी,
जैसे पहाड़न -
चुप रहती है
पर हारती नहीं।

- आचार्या नीरू शर्मा

हिमाचल

हिमाचल
यह बस नाम नहीं
साँसें हैं मेरी
मैं जहाँ भी जाऊँ
पहाड़ों की महक़
रहती और चलती है
मेरे भीतर।

- आचार्या नीरू शर्मा

घर

घर
दीवारों से चीजों से
नहीं बनते
बनते हैं अपनों से
और उनकी खिलखिलाहट से
हाँ,
उन पहाड़ों पर जो
मुस्कान की रोशनी है
वहीं है मेरे अपनों संग
मेरा घर।

- आचार्या नीरू शर्मा

हवाएँ

इन पहाड़ों की
हवाएँ
ये झूमती गाती चलती
पहाड़ी हवाएँ
कुछ कहती नहीं
बस
सिखा देती हैं
सब कुछ जीवन की गाथाएँ।

- आचार्या नीरू शर्मा

देवदार

वह देवदार
ख़ामोशी से खड़ा
रहता है
पर सब कुछ देखता है
मैंने उससे
चुप रहकर
मजबूत रहकर जीवन जीना
सीखा है।

- आचार्या नीरू शर्मा

पगडंडी

हाँ,
आसमां को छूते
पहाड़ों की ढलान से
आती हुई पगडंडी
छोटी सही
पर
सही दिशा दिखाती है
और
बड़े रास्ते अक्सर
भटका देते हैं।

- आचार्या नीरू शर्मा

रात

यहाँ रातें
अँधेरी होती हैं
लंबी होती हैं
पर
डरावनी नहीं
आसमां में जगमगाते तारे
अँधेरे में भी
सही रास्ते दिखाते हैं।

- आचार्या नीरू शर्मा

मौन

मौन
कोई कमज़ोरी नहीं,
शांत रहना
संयम है,
पहाड़
सबसे ऊँचे होकर भी
शांत हैं।

- आचार्या नीरू शर्मा

बच्चे

भोली सी आँखों में
बड़े-बड़े अरमान हैं
हँसी में उनकी चाबी है
सारे जहान की ख़ुशियों की
बच्चे हों जहाँ भी
मुस्कान ख़ुद वहाँ चली आती है।

- आचार्या नीरू शर्मा

लौट आना

जानते हैं वे -
चाहे जितनी भी
दूर जाओ
पर
लौट आना
ज़रूरी है
अपनों के पास
ख़ुद के और
अपनों के लिए।

- आचार्या नीरू शर्मा

पहाड़न

नहीं आई हूँ मैं,
शहर की सीधी सड़कों से,
मैं आई हूँ
पहाड़ी ढलानों से उतरती
पगडंडियों से,
यहाँ हर कदम
सोच-समझकर और संभलकर
रखा जाता है,
हथेलियों में है मेरी
मिट्टी की ख़ुश्बू,
ऊँचा बोलना यूँ तो
नहीं जानती मैं,
पर ऊँचा बोलना पड़े तो
मेरे बोलने पर
गूँज उठते हैं पहाड़,
पहाड़ों से हूँ मैं -
मौन में भी मजबूत हूँ।

- आचार्या नीरू शर्मा

बसती हैं यहाँ उम्मीदें

हर सुबह सूरज यहाँ
बिखेरता है नई किरणें,
मुस्कुराते हैं नन्हे - नन्हे फूल
पहाड़ों के बीच से
और
कठिन राहों पर भी
लोग जगाते हैं हौसलों के दीप,
कहती हैं हवाएँ भी
मत रूकना बढ़ते जाना,
हर ठोकर सिखाएगी
जीवन को नए ढंग से जीना
और
इन शांत वादियों में
गुनगुनाता है दिल,
हर अरमान नई राह दिखाकर
सुनाता है कहानी,
बसती है यहाँ उम्मीदें और मुस्कुराहटें।

- आचार्या नीरू शर्मा

महक़ रंगों की

महक़ रंगों की
प्रकृति में हर ओर
छिपी होती है,
जो करो महसूस
तुम इनको
तो यह दिल को तुम्हारे
स्नेहमय भावों से
भर देती है,
कैनवस पर छाकर
रंग सारे
मुस्कान बिखेर देते हैं,
ऐसे ही अद्भुत
रंगों से सराबोर है संसार
और
रंगों में छिपा है जीवन का सार।

- आचार्या नीरू शर्मा

यादें

यादों के संग चलती हैं यादें
इसकी इस यात्रा के हर पल में
छिपी हुई है इक कहानी।

गुज़रे हुए लम्हों के सिलसिले में
कुछ धुँधले पर मुस्काते पलों को
लेकर आती हैं यादें।

जीवन की राहों में पग-पग पर
धरा पर लहलहाती फसलों की भाँति
बिछ जाती हैं ये यादें।

ज्यों लहरें समंदर में करती हैं अठखेलियाँ
यूँ ही यादें
बसी होती हैं अंतर्मन की भी गहराइयों में।

भीड़ में ख़ामोशी से मन को महक़ाती हैं
और
ख़ुशबू बिखेरती हैं यादें।

ज्यों दरिया समाकर समंदर में समंदर हो जाता है
त्यों ही यादें
मन में समाकर ख़्वाबों-ख़्यालों में मुस्कुराती हैं।

अचानक से आकर ये यादें हमें
कभी हँसाती, कभी रुलाती हैं पर
फिर भी ये जीवन को ख़ुशगवार बनाती हैं।

- आचार्या नीरू शर्मा

आसमाँ पर उड़ते आज़ाद ये पंछी

आज़ादी से पंख पसारे उड़ते जा रहे हैं
खुले आसमाँ तले ये चहचहाते पंछी
आज फिर खोज रहे हैं ये नई मंज़िलें
नया है इनका यह सुहाना सफ़र।

उम्मीदों का संगीत गाते चले जा रहे हैं ये
है बुलंद इनका हौसला
आज़ादी की मिसाल बनकर पंखों को फैलाकर
विशाल गगन में बढ़ते जा रहे हैं।

बादलों की छाँव में
मुश्किलों और बाधाओं को तोड़ते
सपनों को पंखों में समेटे उड़ते जा रहे हैं
ये आज़ाद पंछी।

विश्वास से ऊँचाइयों पर चढ़ते चुनौतियों से लड़ते
सपनों को हकीक़त में बदलते
सफलतापूर्वक मंज़िल को पाने की राह
दिखा रहे हैं ये पंछी।

पंखों की झिलमिल से, आसमाँ को सजाते
हर दिल की उमंग-उम्मीद बनकर
अनंत की ओर पंख पसारे आज़ादी से उड़ते जा रहे हैं
ये प्यारे पंछी।

- आचार्या नीरू शर्मा

बादल

कुछ श्वेत कुछ श्यामल से
छाए हैं बादल नील गगन में।

ख़ुशियों की छाँव करते
मन को भाते, गुदगुदाते हैं ये बादल।

नन्ही-नन्ही बरखा की बूँदें मुस्कान बिखेरती
सुख समृद्धि फैलाती
आ गईं हैं करके सवारी इन बादलों की।

सूरज-चंदा और तारों की कहानियाँ सुनाते
ख़्वाबों की दुनिया में ले जाकर उन्हें हकीक़त बनाते
मुस्कान बाँट रहे हैं ये प्यारे बादल।

कभी सुनहरी सी धूप में कभी छाँव में
बहारों को लिए जीवन महक़ाने
मिठास बनकर आ जाते हैं मस्ती में भरे ये बादल।

ज्यों ख़ामोशी से झीलों की ख़ूबसूरती
भीगी-भीगी सी धरा को सजाती है
त्यों ही ये बादल रंग-रूप भिन्न-भिन्न लिए
आसमाँ की शान बनकर लहराते उड़ते जाते हैं।

इन बादलों की छाँव में सुकून और शांति पाने
पहाड़ों पर प्रकृति के संग तरुओं के तले
शीतल बयार की महक़ साँसों में समेटे
जीवन की ख़ुशियाँ पाकर हर दिन महक़ता है हमारा
इन इठलाते बादलों के संग।

- आचार्या नीरू शर्मा

कैनवस, रंग और कूची

कैनवस बना है रंगों के लिए खेल
उस पर सजा है रंग-बिरंगे जीवन का मेल।

कलाकार की कूची और रंग मिलकर
उसके मन की रचना नए रूप में कैनवस पर
नव सृजन करती इतराती है।

हर चित्र कैनवस पर आकर इक कहानी कहता है
मन की भावना रंगों से भरकर नई सृष्टि रच देती है।

चित्रकार के मन की अभिव्यक्ति उसके चित्रों और रंगों में
कैनवस पर छाकर ज़िंदगी का मर्म समझाती है।

देखो ज़रा गौर से कैनवस पर छाए हर रंग में
मनमोहक संगीत है प्रकृति का अनुपम सुकून है।

कैनवस पर छाए इन चित्रों और रंगों में
बदलते समाज की तस्वीर और संस्कृति की पहचान है।

चित्रकार की कूची उसके रंग और कैनवस
ईश्वर का दिया उसे अद्वितीय अद्भुत उपहार है
जिसकी ख़ूबसूरती में सब खो जाते हैं।

जीवन के दृश्य-अदृश्य रूपों का अनोखा तालमेल है
चित्रकार के मन की आँखों का साकार रूप है
यह कैनवस, कूची और इसके रंग..... ।।

- आचार्या नीरू शर्मा

सुबह

सागर की बलखाती लहरें
सुबह सूरज की सुनहरी किरणों में खेलती
नई उमंगों-उम्मीदों से भरी ख़ुशियों का पैग़ाम लाती हैं।

लेकर प्रेरणा सूरज से
फूलों को पुकारती...जगाती चली आती हैं
सुबह की ये सुरमई सी किरणें जीवन में अमृत भर देती हैं।

प्रातः की स्वर्णिम किरणों के संग
पंछियों की चहचाहट हरी-भरी वादियों की ख़ुशबू
मन की शांति और सुकून लेकर आती हैं।

सुबह की अनमोल किरणों में मिलकर
बारिश की नन्ही बूँदों ने मिट्टी की महक़ को चहुँ ओर
बिखराकर इक मधुर संगीत छेड़ा है।

नए सपने लिए ये महक़ती किरणें
जीवन को आनंद और ताज़गी से भरकर आगे बढ़ने और
सपनों को हकीक़त में बदलने का संदेश देने आती हैं।

- आचार्या नीरू शर्मा

मन

मन की गहराइयों में छिपी अनेकों यादें...बातें
मन ही मन को समझाने की करता है कोशिशें।

मन की इच्छाएँ, मन की उड़ान
ज्यों आसमाँ के रंगों में घुल जाएँ भावनाओं के रंग।

अनेकों सवालों और विचारों का सफ़र
चंचल मन के संग इस सफ़र की कहानियाँ कहता है।

कभी अनेकों ख़्वाहिशों की मीठी-सी चाहत
खोजता...यह ख़ामोश पर ख़ूबसूरत मन।

सपनों पर विश्वास करता है मन
हृदय की धड़कन में भी सपनों को देता उड़ान यह मन।

नई दुनिया बसाता, आत्मविश्वास जगाए रखता
कल्पनाओं को सच करने, मंज़िल को पाने की ज़िद्द रखता यह मन।

सदा स्मित मुस्कान हृदय और चेहरे पर रखता
सरल और ईमानदारी से कर्म करता यह मन।

यह मन सदा ख़ामोशी से खिलखिलाता
संगीत के मधुर तार छेड़ता...हाँ यह मन....मन।।

- आचार्या नीरू शर्मा

सागर की लहरें

कहती हैं कोई न कोई कहानी
सागर की ये लहरें
देख अपनी ही लहरों की ऊँचाई
आनंद से भर उठता सागर।

फूल-पात और हरियाली की महक़ संग
सागर की लहरों से
उसके जल की ख़ुश्बू लेकर
बयार चहुँ ओर खिलखिलाती बहती है।

इन उठती-गिरती सागर की लहरों ने
सिखाई हमें जीवन की सच्चाई
कहती हैं ये, हार कर न रूको, फिर उठो; बढ़ो और
बढ़ते ही जाओ जब तक मिल न जाए मंज़िल।

हाँ, सागर की गहराई में छिपा है
जीवन का ज्ञान रूपी अनमोल ख़ज़ाना
धैर्य और संघर्ष से ही मिलता है
सच्चे-सरल हृदय मानव को यह अमूल्य ख़ज़ाना।

- आचार्या नीरू शर्मा

प्रकृति की शान यह पहाड़

धरा की जान हैं ये पहाड़
मेरे हिमाचल की शान हैं ये पहाड़।

स्थिर होकर स्मित मुस्कान से भरे हैं ये पहाड़
सुंदर, विशाल, अद्वितीय हैं ये पहाड़।

इन बलखाती, टेढ़ी-मेढ़ी पगडंडियों पर चलकर
ऊँचाई पर पहुँचना मानो जीवन की इक यात्रा पूर्ण होना।

इन पहाड़ों पर वृक्षों तले बैठ शीतलता और सुकून पाना
ज्यों मन और जीवन की उलझनों का खत्म हो मुस्कुराना।

इनकी विशालता-भव्यता में छिपा है जीवन का ख़ज़ाना
सिखाते हैं ये, योगी की भाँति ध्यान-मग्न हो जीवन दायित्व निभाना।

हाँ, इन पहाड़ों की गहराई सिखाती है हर परिस्थिति में
स्थिर रहकर शांति और ख़ामोशी से निरंतर प्रयासरत रहना।

प्रातः इन पहाड़ों की चोटियों पर चमकता है जब सूरज
तो भर देता है यह धरा के कण-कण में अद्भुत ताज़गी।

साँझ को ढलकर कहता है सूरज; सपने सजाओ अब तुम
फिर कल नव-किरणों संग कर लेना अपने सपने पूरे तुम।

प्रकृति की अनमोल धरोहर हैं ये पहाड़,
यूँ बेहिसाब
तोड़कर इनको न करो खोखला इनकी जड़ें।

गर हिले जो ये पहाड़ तो......
न रहेगा जीवन और न रहेगा धरा का वज़ूद।

पल दो पल का है यह जीवन

संभलकर करो कर्म तुम अपने और
मानवता का धर्म निभाओ सदा।

निःस्वार्थ भाव से बाँटकर ख़ुशियाँ
नित बिखेरो मुस्कान चहुँ ओर तुम।

- आचार्या नीरू शर्मा

धरा

धरा है माँ समान
इसकी गोद में समाया है
सारा जीवन और जहाँन,

मिट्टी की ख़ुश्बू
चहुँ ओर बिखरी हरियाली
वृक्षों की छाँव....
पतझड़....बहार....
सृष्टि के सृजनकर्ता के हैं
ये अनुपम उपहार,

धरा का सौंदर्य यह अद्भुत संसार
हर रूप, हर रंग में इसके छिपा
अनमोल कविता भाव।

- आचार्या नीरू शर्मा

महक़ती ये हवाएँ

महक़ती हवा झरनों नदियों का मधुर संगीत संग लिए
बुनकर सुनहरे ख़्वाब ले जाती है मन को नई दुनिया में,

फूलों की ख़ुशबू परिंदों की मीठी बोली
महक़ा देती है कण-कण और सजा देती है आसमाँ,

सपनों का गुलिस्ताँ है यह धरा नीला आसमाँ
प्रकृति का हर अंश खिलखिलाती है यहाँ हर श्वास-श्वास,

सूरज की किरणें हटाकर अंधकार
नव दिवस नव पलों का करती हैं आगाज़,

आओ चलें हम भी इन महक़ती हवाओं संग
नए सफ़र नई यात्रा पर पाने नई मंज़िलें,

समय की बहती धारा में महक़ती इन हवाओं में है
जीवन का सच्चा आनंद......... ।।

- आचार्या नीरू शर्मा

चाँद की चाँदनी में मुस्कुराती नदी

चाँद की खिलती चाँदनी में, मुस्कुराती वह नदी
पहाड़ों से निकलकर बहती, धरा पर देती शीतलता।

इठलाकर बहती चाँदनी रात में, इसकी इतराती लहरें
और उनके संग-संग, हिलोरें खाती चलती वह नाव।

निकली है सैर पर सुहानी रात में, चाँद और चाँदनी संग
बहती जलधारा के, मीठे संगीत की धुन छेड़ती यह नदी।

नदिया के तीरे माटी को छूकर, महक़ती ये लहरें और
देख नदी की मुस्कान, चाँद बिखेरता चाँदनी की छाँव।

प्रकृति का सौंदर्य यह नदी, अपनी राह ख़ुद बनाती
बाधाओं को पार कर, मंज़िल की ओर बढ़ती जाती।

वन-फूलों को उड़ाती पवन, नदी पर बिखेर उसे सजाती
इनकी ख़ुशबू में भीग, नदी संग आसमाँ भी महक़ उठता।

पहाड़ों से निकलकर, यह पावन नदी कहती है हम सबसे
विकास की अंधाधुंध दौड़ में, विध्वंस का तुम आगाज़ न करना।

न प्रकृति संग खिलवाड़ करना, न मेरी राह कभी रोकना
मैं जीवनदायी नदिया हूँ, प्रकृति संग मेरा संरक्षण करना।

- आचार्या नीरू शर्मा

पाया विरासत में अनमोल ख़ज़ाना

वसंत की बहार जैसी
प्रकृति-सी पावन
ख़ुशियों का ख़ज़ाना
ममता की मूर्त
दोस्त इस-सी न कोई
मुश्किलों...परेशानियों का सरल हल
मुस्कान की रोशनी
जीवन का सुकून, शांति का प्रतिरूप
खिलखिलाहटों का आधार
ज्ञान का भंडार, कहानियों की भरमार
गप्पों में मासूमियत और परिवार की मजबूती
धरा-सी सहनशील, पहाड़ों-सी स्थिर
गीतों की सरगम
पहाड़ों...नदियों...प्रकृति की संरक्षक
इनसे सीखी और जानी मैंने
पहाड़ों की कहानी और इनको सहेजना
रचे-बसे जो हम अपनी संस्कृति में
यह सारी विरासत है इनकी ही देन.....
हाँ, ऐसी हैं नानी और इनका प्यार
इनके संग दादी और बड़े-बुज़ुर्ग सभी हैं
हमारे ख़ूबसूरत हिमाचल की संस्कृति की पहचान।।

- आचार्या नीरू शर्मा

मेरे गाँव का वह बरगद

मेरे गाँव की शान है
बरसों पुराना यह बरगद
जो है अनगिनत पंछियों का घर
हम सबका और बच्चों का प्यारा दोस्त
बड़ों-छोटों सभी के लिए यह
बुज़ुर्ग बनकर देता है
सुकून की छाँव और आशीष
है इसमें प्राकृतिक सौंदर्य और संस्कृति से भरे
कहानियों-किस्सों का अद्भुत संगम।

हर मौसम का मधुर संगीत
यह सुनाता है और
पतझड़ में जब गिरते हैं इसके पात
तो नव-किसलय को
विरासत में दे जाता है यह यादों की सौगात
ऐसे ही इसकी हर पात और
शाखाओं ने सहेजी है यादों की लाइब्रेरी।

रहेगी सदा ही
इसकी महिमा अनंत
इसका सम्मान बरकरार....
सुख-दुख का यह है साक्षी
प्रकृति और पर्यावरण का महत्त्व समझाता
हाँ, यह मेरे गाँव का विशाल बरगद का वृक्ष
जीवन का सार सुनाता है।

- आचार्या नीरू शर्मा

ये झरने

झरनों का संगीत...
प्रकृति की अनूठी कहानी...
साँझ के ये पल...
पहाड़ों से टकराकर
वृक्षों पर आती चाँदनी...
हृदय को छू लेती झरनों की रागिनी...
हर पल अनोखा स्वरों की मिठास भरा...
हर दिन....हर अनुभव नया
झरनों संग आती....महक़ती हर श्वास
प्रकृति का नैसर्गिक सौंदर्य
ख़ामोशी से
बिखेरता है ख़ुशबू और ख़ुशियाँ
बड़ी ही सहजता से चहुँ ओर.... ।

- आचार्या नीरू शर्मा

पहाड़ों में बसी वह लड़की

वह लड़की जो पहाड़ों के अंचल में बसी है
उसके सपनों की उड़ान है मस्ती से भरी
यूँ लगे चाँदनी की किरणें कहीं खो न जाएँ
उसके बलखाते उलझे-उलझे बालों में...
है उसकी हँसी में उत्साह और उमंग.... ।

प्रकृति का सौंदर्य....पहाड़ों का अंचल
वनों से आती चीड़...देवदार की ख़ुशबू
हाँ, ऐसा ही पावन, सरल है उसका रुप
पंछी गाते मधुर गीत उसके आँगन में
तरुओं को छूकर आती है महक़ती बयार।

सपनों की ऊँचाइयों को छूकर उन्हें सच करती
पहाड़ों की पगडंडियों पर निडर बढ़ती चलती
प्रकृति के संगीत को गुनगुनाती उनमें सिमटी
पहाड़ों से मजबूत अटल इरादे ख़ुद में धारण किए
हर मुश्किल को स्मित मुस्कान से पार करती है वह लड़की
पहाड़ों के अंचल में है घर जिसका... ।

- आचार्या नीरू शर्मा

चूल्हे की महक़

माँ के खनकती चूड़ियों से भरे
हाथों से
दादी औ' नानी के प्रीति भरे
हाथों की
थापों से बने इस माटी के महक़ते चूल्हे की
आँच पर
सिर्फ़ रोटी ही नहीं बनती
बनते औ'
खुशहाल रहते हैं रिश्ते यहाँ
यही चूल्हे की महक़
औ' इसकी गर्मी मिलकर
पहाड़ों की सर्द
रातों गर्म करके बनाती है घर
हाँ, प्यार सा इक घर।।

- आचार्या नीरू शर्मा

पगडंडी और यह ढलान

यह पगडंडियाँ और ढलान
शब्दों में नहीं
इशारों में इक दूजे से बतियाते हैं
और
मूक रहकर इशारों में ही
समझाते हैं हमें कि
रूकना और संभलना कहाँ है,
औ' कहाँ हौले-हौले पग रखकर बढ़ना है।
यह सिखाते हैं बातें; हौले से मुस्कुराते हुए करना,
सिखाते हैं यह ढलान
तेजी....तीव्रता हर पल अच्छी नहीं होती,
यह ढलान हमें सिखलाते हैं
'धैर्य की भाषा' जो जीवन में लाती है सुकून हर पल।।

- आचार्या नीरू शर्मा

यह पहाड़ और स्त्री

यह पहाड़ और स्त्री
दोनों हैं सहनशील और
समझा गया है ऐसा ही इन्हें,
पर
जब-जब टूटे या तोड़ा गया इन्हें
तब-तब
इतिहास बदल दिया इन्होंने।।

- आचार्या नीरू शर्मा

गहराई पहाड़ों की

देखते हो जो पहाड़ों का
बाहरी रूप औ' आवरण,
उससे इतर होता है उसका
भीतरी रूप उसकी गहराई
जहाँ छिपी होती हैं दरारें
पर
साथ ही होती है मजबूती जो
कभी शोर नहीं करती,
मैंने सीखा है पहाड़ों से
शांत, स्थिर, मजबूती से
खड़े रहकर जीवन को सरलता
औ' मुस्कान से जीना।।

- आचार्या नीरू शर्मा

सुनहरी सुबह

पहाड़ों की सुबह
घड़ी देखकर नहीं
शुरू होती
यह होती है..
सूरज की किरणों
पंछियों की चहक
चूल्हे की लिपाई
अपनेपन की मुस्कान 'औ'
चाय की खुशबू से...।।

- आचार्या नीरू शर्मा

नदी

वह निरंतर अपनी गति से
बहती रहती है
हाँ, नदी
वह रास्ता पूछती नहीं
बस बनाते हुए बढ़ती जाती है।

- आचार्या नीरू शर्मा

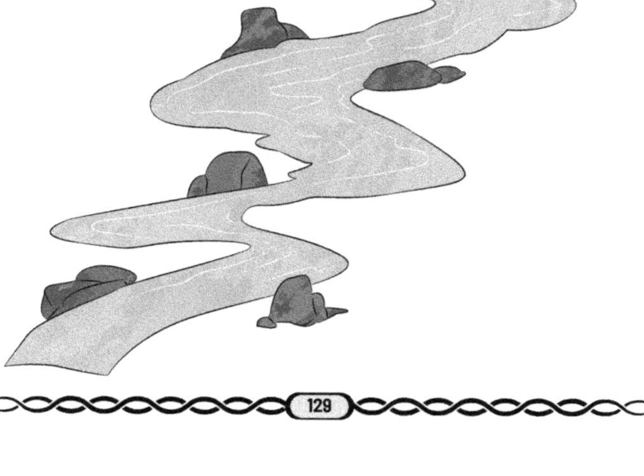

माटी

पहाड़ों की
माटी की खुशबू
साँसों में बसी है हमारे
हो गर दूर कभी हम तो
ख़ुद से अलग नहीं होने देती यह
हवाओं में घोलकर अपनी महक़
बुला लेती है वापस।।

- आचार्या नीरू शर्मा

बारिश

बारिश की बूंदें पाकर
केवल
माटी ही नहीं
हवा भी महक़ती है
संग इनके
खिलखिलाता है बचपन
चहकते हैं पंछी
और मुस्कुराते हैं
फूल, पात और
प्रकृति का कण - कण
'औ' इन सबके बीच
पहाड़ - पगडंडियाँ
संभलना सिखलाते हैं
फिसलन से
वह फिसलन जो राह में हो
या जीवन में।

- आचार्या नीरू शर्मा

पहाड़ी गीत

हर दिल
गुनगुनाता है
हर पल के गीत
हो सुबह-सांझ-रात
या सुख-दुख की हो वेला
चूल्हे से लेकर खेती तक
कंगन-चूड़ी से लेकर कुएँ तक
पीढ़ियों से हर दिल को
महक़ा रहे हैं
हाँ, है ये पहाड़ी लोकगीत।

- आचार्या नीरू शर्मा

आँगन

पहाड़ों में
हर घर में होते हैं आँगन
हैं मेरे घर का जो आँगन
खिलखिलाता है यह
पंछियों की चहक से
यहाँ बैठ आसमां के तारों 'औ'
दूर नज़र आती
पहाड़ों की चोटियों को निहारना
सुकून भरा होता है।

- आचार्या नीरू शर्मा

परछाइयाँ

सुनो, यहाँ पहाड़ों से
उतरती ढलानों पर
परछाइयाँ भी
नम्रता से
झुक कर चलती हैं
सरलता जो होती है उनमें
क्या तुम बन पाओगे ऐसे
सरल, स्नेहिल, मुस्कुराते से।

- आचार्या नीरू शर्मा

शहर

सुख सुविधाओं
से भरपूर
नहीं कमी
किसी चीज की
जो चाहो
पलों में मँगा लो,
है यहाँ
चारों ओर शोर, भाग-दौड़
और रोशनी
हाँ, शहर में सब है
पर, सुकून और अपने नहीं हैं।

- आचार्या नीरू शर्मा

सपना

कभी बंद कभी खुली
आँखों का सपना
जो शोर नहीं करता
हौले-हौले आकर
पूरा होता है
जैसे
इक नन्हा सा बीज
पहाड़ों में
स्थिरता और मजबूती लिए
लहलहाता पेड़ बन जाता है।

- आचार्या नीरू शर्मा

बच्चे

नन्ही नन्ही आँखों में
कितने अरमान लिए
ये बच्चे जो
खुशियों का संसार हैं,
जिनकी मुस्कुराहट और हँसी में
ज़िंदगी की ज़िंदादिली है
जो स्वार्थ अपने-पराए से दूर रहकर
जीना सिखाते हैं,
हाँ, ये हमारे घर-परिवार और पहाड़ों की
जान हैं।

- आचार्या नीरू शर्मा

भरोसा

जो कभी
रूकती-थमती नहीं
मन को छूकर
शीतलता बाँटकर
आगे बढ़ती रहती है।
सीखा है उससे भरोसा करके
प्रवाह में
सच्चाई से कर्म करना और
बढ़ते रहना।

- आचार्या नीरू शर्मा

गाँव

गाँव में
मकान नहीं होते
और
ना ही यहाँ मकान गली के
नंबर से पता किसी का होता है,
यहाँ होते हैं -
घर-आँगन, पेड़, कुएँ, मंदिर,
अपने-अपनों के नाम....
जिनसे सभी
जानते हैं इक दूजे को।

- आचार्या नीरू शर्मा

धड़कन

प्रातः की बेला
वह जब माँ समान
धरती को
करता है नमन
तो धरती देती है आशीष
माँ की भाँति
जो बालक की शरारत पर
कभी शिकायत नहीं करती
लेकिन शोषण करने पर
देती है दंड
उसकी धड़कन नहीं करती
अपने पराए का भेद
माँ है वह
धरा का हर बालक
उसकी पहचान है।

- आचार्या नीरू शर्मा

ये राहें और मोड़

ये राहें ये रास्ते
केवल मंज़िल की ओर
ही नहीं ले जाते
ये अनेक मोड़ दिखलाते हैं,
कभी यह परायों को
अपना बना देते हैं और
कभी कराते हैं
पहचान अपनों के अपनेपन की,
रास्ते और यात्रा
मंज़िल से अधिक ज़रूरी होते हैं
क्योंकि
इनकी अपनी कहानियाँ होती हैं
ये कभी ख़त्म नहीं होते
बस
इनमें कई मोड़ आते रहते हैं।

- आचार्या नीरू शर्मा

धूप

सभी को गर्माहट देने के बाद
साँझ को
पहाड़ों से उतरती हुई
सर्दी की वह गुनगुनी धूप
मुस्कुरा रही है,
ज्यों कृषक खेतों में
दिनभर मेहनत करके
हरे-भरे लहलहाते खेतों का
सपना लिए साँझ ढले घर लौटते हुए
थककर भी खुश होता है।

- आचार्या नीरू शर्मा

बरसों

बरसों बीत गए
वह वहीं बैठी है...
जहाँ बेटे ने जाते हुए
पलटकर कहा था
इंतज़ार करना मैं
जल्दी लौटूँगा
वह छोड़ गई दुनिया
पर फिर भी
है वहीं बरसों से।

- आचार्या नीरू शर्मा

पुल

पार पहुँचाता
वह पुल
नन्हा सा है
पर
ज़रूरी है
जोड़ता है यह
दो रास्तों, दो दिशाओं को
बिना इसके
अधूरा-सा है जीवन और
पार पहुँचना।

- आचार्या नीरू शर्मा

गूँज

गूँज उठती है
अपनी ही आवाज़
पुकारकर देखो,
पहाड़ हैं ये
तुम्हें तुमसे मिलवा देंगे
पुकारो तो सही।

- आचार्या नीरू शर्मा

चाय और ठंडी हवा

हाथों में
इक गर्म प्याली है चाय की,
संग महक़ती - गुनगुनाती पहाड़ों से
आ रही है ठंडी हवा
जो छूकर ताज़गी भरा अहसास दे रही है,
महसूस यूँ हो रहा है ज्यों
थम सा गया है यह समय और
भीनी-भीनी सी ख़ुशबू और मिठास
घुली है फिज़ाओं में,
पवन का हर झोंका कुछ कह जाता है
कानों में हौले से और
मन कह उठता है - बस यहीं है सुकून
और जीवन का मधुर संगीत।

- आचार्या नीरू शर्मा

धन्यवाद

www.ingramcontent.com/pod-product-compliance
Lightning Source LLC
LaVergne TN
LVHW050915210926
848482LV00012B/452
* 9 7 9 8 9 0 4 7 9 4 3 5 4 *